Maria Montessori
y su tranquila revolución

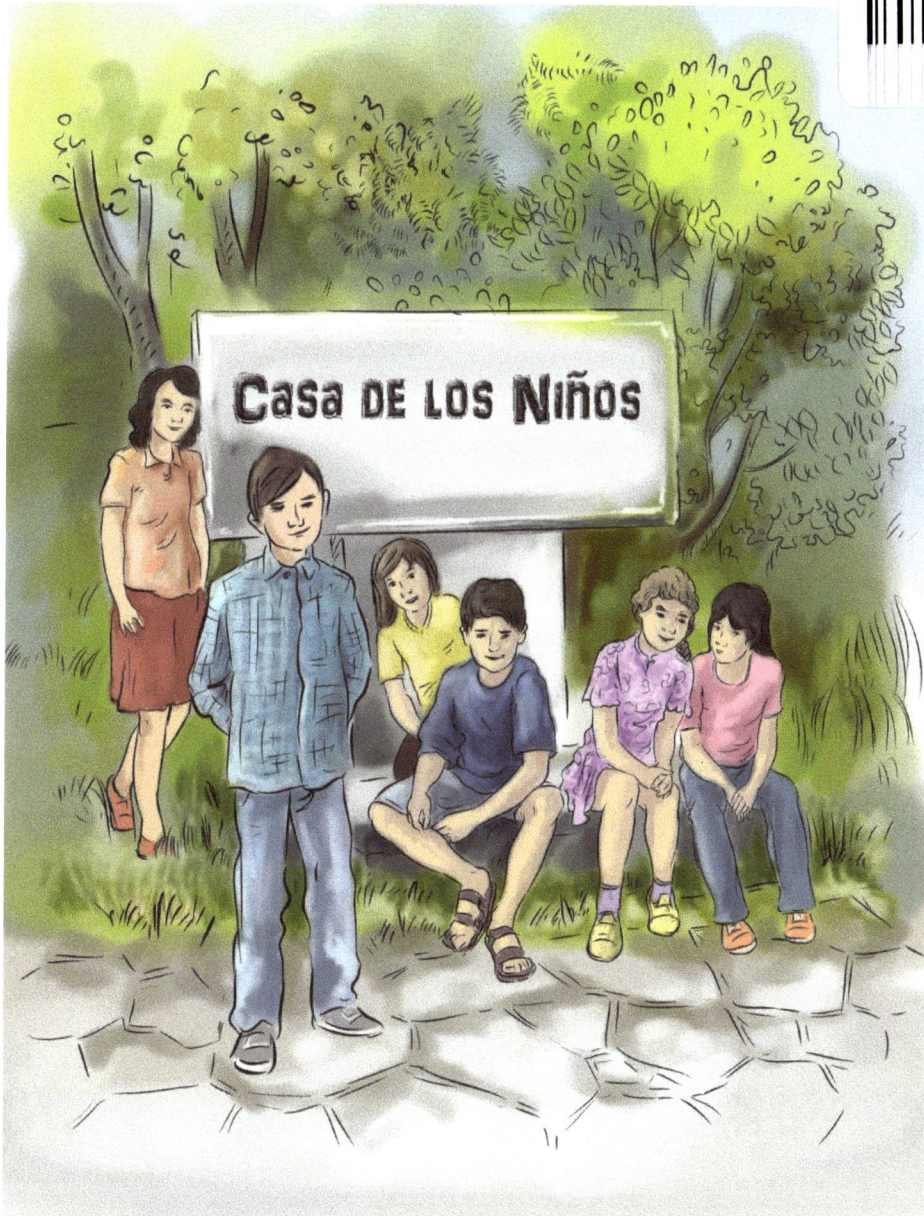

Casa de los Niños

Maria Montessori
and her quiet revolution

Maria Montessori y su tranquila revolución
Maria Montessori and her quiet revolution
A bilingual picture book about Maria Montessori and her school method (Spanish-English text)

Text by Nancy Bach
Spanish translation by Ramon Torres Sanchez
Illustrations by Leo Lätti
Black and white drawings by Julia Norscia
Copyright © 2014 Long Bridge Publishing. All rights reserved.

Find more tools for bilingual children and Spanish language students at:
www.LongBridgePublishing.com

Please note:
- **The English text has been translated into European Spanish.**
- **The Spanish and the English version of the story have been written to be as close as possible. In some cases though, they differ in order to accommodate nuances and fluidity of each language.**

Publisher's Cataloging in Publication data

Nancy Bach
    Maria Montessori y su tranquila revolución - Maria Montessori and her quiet revolution / Nancy Bach; illustrated by Leo Lätti
    p.   cm.
    SUMMARY: Illustrated introduction to the life and work of Italian educator Maria Montessori. Includes historical notes and question pages for readers comprehension review.
    ISBN-13: 978-1-938712-13-5
    ISBN-10: 1-938712-13-7
    1. Montessori, Maria, 1870-1952 --Juvenile literature.   2. Montessori, Maria, 1870-1952.
    3. Spanish language materials--Bilingual.   4. Educators --Biography --Juvenile literature.
5. Montessori method of education --Juvenile literature.   6. Educators.   7. Women --Biography.
8. Montessori method of education.
    I. Title

Long Bridge Publishing
USA
www.LongBridgePublishing.com

ISBN-13: 978-1-938712-13-5
ISBN-10: 1-938712-13-7

Maria Montessori
y su tranquila revolución

Un libro ilustrado sobre María Montessori
y su método de enseñanza

Maria Montessori
and her quiet revolution

A bilingual picture book about Maria Montessori
and her school method (Spanish-English text)

Written by Nancy Bach
Illustrated by Leo Lätti
Spanish translation by Ramon Torres Sanchez

Long Bridge Publishing

INTRODUCCIÓN

La Dra. María Montessori fue una doctora y educadora italiana cuyo legado sobrevive en las escuelas que llevan su nombre alrededor del mundo. Nació en Italia en 1870 y estudió temas técnicos, inusual para una mujer en el momento. Se convirtió en Doctora en Medicina, especializada en pediatría y psiquiatría: la primera mujer en obtener un título en medicina en Italia.

A través de su trabajo, observó a los niños con discapacidad mental y desarrolló los métodos para educarlos mucho más allá de lo que se creía posible.

Extendió sus métodos a los niños con capacidades normales de aprendizaje y estableció el enfoque Montessori para la educación de los niños en las etapas de las edades de 0 a 18. Su método se basa en el entendimiento de que a los niños les encanta jugar, trabajar juntos y hacer trabajos que les ayudan a aprender. Cuando los niños salen de las escuelas Montessori saben tanto acerca de las materias escolares como acerca de las habilidades importantes de la vida.

La Dra. Montessori capacitó a otros maestros para abrir escuelas en Italia, en otras partes de Europa, en las Américas y en la India, donde ella y su hijo Mario estuvieron exiliados durante la Segunda Guerra Mundial.

Vivió hasta la edad de 81 años. Siguió trabajando con los estudiantes y profesores, incluso cuando era una mujer muy anciana. Habló con grupos de todo el mundo para ayudarles a apoyar la paz y contra la guerra. Después de su muerte, su hijo Mario y sus nietos mantuvieron vigentes los métodos Montessori.

El trabajo de María perdura hoy en día, no sólo en las 20.000 escuelas Montessori en todo el mundo, sino también en las escuelas públicas y centros de enseñanza privados donde los niños disfrutan de los programas y actividades inspiradas por sus métodos.

INTRODUCTION

Dr. Maria Montessori was an Italian doctor and educator whose legacy survives in schools bearing her name all over the world. She was born in Italy in 1870 and studied technical subjects, unusual for a woman at the time. She became a Doctor of Medicine, specializing in pediatrics and psychiatry: the first woman to obtain a medical degree in Italy.

Through her work she observed mentally handicapped children and developed methods to educate them far beyond what was thought possible.

She extended her methods to children with normal learning capabilities and established the Montessori approach for educating children in stages from ages 0 to 18. Her method is based on the understanding that children love to play and work together, and do jobs that help them learn. When children leave Montessori schools they know about both school subjects and important life skills.

Dr. Montessori provided training for teachers to open schools in Italy, in other parts of Europe, in the Americas, and in India where she and her son Mario were exiled during World War II.

She lived to the age of 81. She kept working with students and teachers even when she was a very old woman. She spoke to groups around the world to help them support peace instead of war. After her death, her son Mario and her grandchildren kept the Montessori methods going.

Maria's work lives on today, not only in the 20,000 Montessori schools worldwide, but also in public schools and private learning centers where children enjoy programs and activities inspired by her methods.

"Buenos días, niños. Yo soy vuestra maestra, la Sra. Rinaldi. Estoy muy feliz de daros la bienvenida a nuestro primer día en la escuela Montessori. Por favor, decid conmigo… Montessori".

La Sra. Rinaldi se situó en la parte delantera de la sala, sonriendo al grupo de jóvenes estudiantes sentados en la alfombra frente a ella.

Ángela y Brad y los otros niños murmuraron, "Montessori".

"Pero niños, debemos decirlo con orgullo," dijo la Sra. Rinaldi. "Por eso es el nombre de nuestra fundadora, la Dra. Montessori. Vamos a intentarlo de nuevo".

Esta vez Ángela y los otros alzaron sus voces con su maestra y escucharon el nombre Montessori saliendo de sus bocas.

"Muy bien. ¿Queréis que os cuente la historia de la Dra. Montessori?", preguntó la señora Rinaldi.

"Sí," dijo Ángela. "Sí, por favor", dijeron Susan y Brad.

"Good morning, children. I am your teacher, Mrs. Rinaldi. I am so happy to welcome you to our first day of Montessori school. Please say it with me…Montessori."

Mrs. Rinaldi stood at the front of the room, smiling at the group of young students sitting on the rug before her.

Angela and Brad and the other children mumbled, "Montessori."

"But children, we should say it with pride," said Mrs. Rinaldi. "For that is the name of our founder, Dr. Montessori. Let's try again."

This time Angela and the others raised their voices with their teacher and listened to the name Montessori roll off their tongues.

"Very good. Would you like me to tell you the story of Dr. Montessori?" asked Mrs. Rinaldi.

"Yes," said Angela. "Yes, please," said Susan and Brad.

"Muy bien!" dijo la maestra. "Os voy a hablar de una niña llamada María".

"¡Ese es mi nombre!" gritó María. "Sí. Sí. Maria Montessori era muy curiosa y trabajó muy duro en la escuela. Espero que seas de esa manera, María", dijo la Sra. Rinaldi.

María asintió con la cabeza y el pelo rizado rebotó en su cabeza.

"Maravilloso. Ahora niños, escuchad nuestra historia. Vamos a aprender acerca de nuestra fundadora y a entender cómo se inició nuestra escuela".

Volvamos atras en el tiempo hasta hace casi 150 años, mucho antes que los coches y los ordenadores. En el bonito pueblo de Chiaravalle, en Italia, nació una niña y sus felices padres la llamaron María.

"Very good!" said the teacher. "I will tell you about a little girl named Maria."

"That's my name!" shouted Maria. "Yes. Yes. Maria Montessori was very curious and worked very hard in school. I hope you are that way too, Maria," said Mrs. Rinaldi.

Maria nodded and her curly hair bounced around her head.

"Wonderful. Now children, listen to our story. We'll learn about our founder and understand how our school was started."

Let's go back in time almost 150 years ago, long before cars and computers. In the pretty village of Chiaravalle, in Italy, a little girl was born. Her happy parents named her Maria.

Cuando María tenía cinco años de edad su familia se trasladó a Roma, la capital de Italia, una ciudad antigua y hermosa. Ella comenzó la escuela al siguiente año. En aquellos tiempos las jóvenes aprendían a leer y escribir, pero pasaban mucho tiempo aprendiendo habilidades como la cocina y la costura, que eran consideradas "trabajo de las mujeres." María lo hacía bien, pero estaba mucho más interesada en las matemáticas, la ciencia y el lenguaje.

Como le encantaba aprender, en la escuela secundaria, María fue a una escuela técnicas para estudiar temas más difíciles. La mayoría de las niñas no asistían a las escuelas técnicas, pero María lo hizo muy bien. Luego, cuando tuvo 16 años de edad, se fue a la universidad. Allí estudió biología, la ciencia de las plantas vivas y de los animales. Le resultaba tan interesante que le dijo a sus padres: "Quiero ser doctora."

When Maria was five years old her family moved to Italy's capital, Rome, an old and beautiful city. She started school the next year. In those times young girls learned to read and write, but spent much time learning skills like cooking and sewing, which were called "women's work." Maria did well, but she was far more interested in math and science and language.

Because she loved to learn, for middle school, Maria went to a technical school to study challenging subjects. Most girls did not go to technical schools, but Maria did very well. Then, when she was 16, she went to college. There she studied biology, the science of living plants and animals. She found it so interesting that she told her parents, "I want to be a doctor."

L os padres de María se sorprendieron.

En ese momento, no había mujeres doctores en Italia ni en muchas otras partes del mundo. María se puso triste cuando sus padres le dijeron que debería convertirse en una maestra en lugar de doctora.

María tenía muy claro que quería ser doctora ¿Qué podía hacer? Cada vez que ella les pedía permiso para ir a la escuela de medicina la rechazaban. María era inteligente y un poco terca así que no se dio por vencida.

M *aria's parents were surprised.*

At that time, there were no women doctors in Italy or many other parts of the world. Maria was sad when her parents told her that she should become a teacher instead.

Maria felt very strongly that she wanted to be a doctor. What could she do? Whenever she asked permission to go to medical school she was turned away. Maria was smart and a bit stubborn so she did not give up.

Finalmente se le permitió asistir a la Escuela de Medicina de la Universidad de Roma.

Debido a que era raro tener a una chica en la escuela, los otros estudiantes, que eran todos varones, la acosaban y se burlaban de ella. Esto fue difícil para María, pero ella ignoró su intimidación y siguió estudiando.
A los 26 años se convirtió en la primera doctora en Italia. Sus padres estaban muy orgullosos.

Finally she was allowed to attend the School of Medicine at the University of Rome.

Because it was unusual to have a girl at the school, the other students, who were all boys, teased and bullied her. This was difficult for Maria, but she ignored their bullying and just kept studying. At age 26 she became Italy's first woman doctor. Her parents were very proud.

Como doctora María trabajaba con muchos niños que no podían escuchar o hablar bien o tenían dificultad para moverse. Se dio cuenta de que ellos aprenden mejor cuando pueden hacer cosas con sus manos y trabajan juntos. Y se divertían también, a diferencia de los niños en las escuelas regulares, que tenían que permanecer sentados durante muchas horas, escribiendo, leyendo y escuchando a su maestro. En aquel entonces las escuelas eran lugares con reglas estrictas y nada de diversión.

As a doctor Maria worked with many children who couldn't hear or speak well or had difficulty moving. She noticed that they learned best when they could do things with their hands and work together. And they had fun, too! Unlike the children in regular schools, who had to sit still for many hours, writing and reading and listening to their teacher. Back then schools were places with strict rules and no play.

Así que María decidió abrir su propia escuela y la llamó "La Casa de los Niños".

Esta escuela era muy diferente de todas las otras escuelas de su tiempo. El mobiliario era hecho del tamaño adecuado para niños pequeños. Los escritorios eran pequeños y las sillas eran pequeñas. Había juguetes y otros objetos hechos de cosas que era muy divertido tocar y todos estaban puestos en estantes bajos que los niños pequeños podían alcanzar. Los niños no tenían que permanecer sentados durante muchas horas. Así, podían aprender muchas actividades como la limpieza, el cuidado de mascotas, y crear cosas. Disfrutaban mucho de su día en la escuela y nunca se sentían aburridos.

La escuela de la Dra. Montessori tuvo mucho éxito por lo que abrió muchas más en Italia y en otras partes del mundo, para que muchos más niños pudiesen aprender y divertirse también.

So Maria decided to open her own school and she called it "Children's House."

This school was very different from all the other schools of her time. The furniture was made the right size for young children. Desks were small and chairs were small. There were toys and other objects made of stuff that was fun to touch and they were all put on low shelves that small children could reach. The children didn't have to sit still for many hours. Instead they could learn many activities like cleaning, taking care of pets, and making things. They enjoyed their days at school very much and never felt bored.

Dr. Montessori's school was very successful so she opened many more in Italy, and in other parts of the world, so that many more children could learn and have fun, too.

"Y es por eso que tenemos nuestra escuela ", dijo la Sra. Rinaldi.
"¡Qué maravilloso regalo de la Dra. Montessori!" "Y ahora, ¿estáis listos para ir a trabajar?"
"Yo sí", dijo María. Ángela y Brad y los otros niños todos dijeron "¡Sí!"
"¡Eso es maravilloso! Os voy a mostrar todas las diferentes cosas que tenemos hoy en día y vosotros podéis elegir con la que deseáis iniciar. En nuestra cocina estamos midiendo arroz. Aquí está nuestro armario en el que nos estamos probando las camisas. Nuestro hámster necesita a alguien para acariciarlo..." Los niños miraban al tiempo que su maestra les llevaba a cada nuevo y emocionante lugar en la habitación.

Cada niño encontró un amigo y escogió un lugar para jugar y trabajar. Estaban empezando la gran nueva aventura iniciada por una niña brillante y de carácter fuerte, una chica que sabía que podía hacer algo importante, incluso cuando todo el mundo le estaba diciendo "No".

"And this is why we have our school!" said Mrs. Rinaldi.
"What a wonderful gift from Dr. Montessori!" "And now, are you ready to get to work?"
"I am!" said Maria. Angela and Brad and the other children all said "Yes!"
"That's wonderful! I'll show you all the different things we have today and you may pick where you want to start. In our kitchen we are measuring rice. Here is our closet where we are trying on shirts. Our pet hamster needs someone to pet him..." The children looked on as their teacher led them to each exciting new spot in the room.

Each child found a friend and picked a spot to play and work. They were beginning the great new adventure started by a bright and strong-willed little girl, a girl who knew she could do something important even when everyone was telling her "No."

¿SABÍA USTED...?

María Montessori originalmente quería ser ingeniero. A finales de 1800 había muy pocas ingenieras.

La Dra. Montessori aprendió la mayoría de sus métodos de enseñanza al ver a los estudiantes. Vio lo que les interesaba y mantenía enfocados y luego puso esas actividades en las futuras lecciones. Ella observó que los niños estaban más interesados en las actividades prácticas (trabajo) que en los juguetes (juego).

Mario Montessori vivió alejado de su madre mientras ella estaba ocupada con el inicio de su carrera. Se reunió con María cuando tenía quince años y se comprometió con el método Montessori, en calidad de socio de su madre.

Alexander Graham Bell, Thomas Edison, and Helen Keller estaban muy interesados en los métodos Montessori.

Durante la Segunda Guerra Mundial, María y Mario Montessori vivieron en la India. Mario fue internado (encarcelado) por dos meses y María fue confinada a su escuela porque Inglaterra estaba en guerra con Italia. El pueblo británico pensaba que los italianos en el Reino Británico y sus colonias podían ser enemigos y hacer algo dañino.

La Dra. Montessori pensaba que una de las funciones de la educación de los niños era la reforma de la sociedad en su totalidad y apoyaba la "Educación para la Paz."

La Dra. María Montessori fue nominada para el Premio Nobel de la Paz en tres ocasiones, en 1949, 1950 y 1951. Fue galardonada con la Legión de Honor francesa en 1949.

En 1990, el rostro de la Dra. Montessori apareció en los billetes de 1000 liras de Italia con la imagen de los niños que trabajan en sus estudios en el lado opuesto.

DID YOU KNOW...?

Maria Montessori originally wanted to be an engineer. In the late 1800s there were very few female engineers.

Dr. Montessori learned most of her teaching methods by watching students. She saw what interested them and kept them focused and then put those activities into future lessons. She observed that children were more interested in practical activities (work) than toys (play).

Mario Montessori lived away from his mother while she was busy with her early career. He rejoined Maria when he was fifteen years old and became committed to the Montessori Method, acting as his mother's business partner.

Alexander Graham Bell, Thomas Edison, and Helen Keller were all very interested in the Montessori methods.

During World War II, Maria and Mario Montessori lived in India. Mario was interned (put in jail) for two months and Maria was confined to her school because England was at war with Italy. The British people thought that Italians in the British Kingdom and its colonies might be enemies and do something harmful.

Dr. Montessori felt that one role of education of children was reform of society in total and supported "Education for Peace."

Dr. Maria Montessori was nominated for the Nobel Peace Prize three times, in 1949, 1950, and 1951. She was awarded the French Legion of Honor in 1949.

In 1990 Dr. Montessori's face appeared on Italy's 1000 lire banknote with a picture of children working at their studies on the opposite side.

¿Puedes responder a estas preguntas?

¿En qué siglo nació María Montessori: 1800 o 1900? ....

¿A qué tipo de escuela asistió? ....

¿Qué tipo de estudios hacían las chicas en los tiempos de María Montessori?

....

....

¿Fue fácil para ella asistir a la escuela de medicina? ....

¿Por qué? ....

....

....

¿Cuál fue el primer trabajo de María Montessori? ....

....

¿Qué observó en ese periodo? ....

....

....

¿Qué tipo de escuela estableció María Montessori? ....

....

Can you answer these questions?

In which century was Maria Montessori born: 1800 or 1900? ....

What kind of school did she attend? ....

What kind of studies did girls do in Maria Montessori's times?

....

....

Was it easy for her to attend the school of medicine? ....

Why? ....

....

....

What was Maria Montessori's first job? ....

....

What did she observe in that period? ....

....

....

What kind of school did Maria Montessori establish? ....

....

Colorea y Escribe / Color and Write

Escribe el nombre de 6 cosas que ves en el dibujo:
Write the name of 6 things you see in the drawing:

1. _____

2. _____

3. _____

4. _____

5. _____

6. _____

¡Descubre más libros sobre personas influyentes,
libros temáticos y carteles!

*Find more books about famous people,
themed books and posters!*

Visit us online at www.LongBridgePublishing.com

www.ingramcontent.com/pod-product-compliance
Lightning Source LLC
Chambersburg PA
CBHW041431040426
42445CB00020B/1984